Guía de Recursos para Autopublicación:

Libros Electrónicos y Mucho Más

Por: Jessica Lauren

Derechos de Autor

Dedicatoria

Me gustaría dedicar este libro a mi papá por inspirarme a seguir escribiendo y ser mi asesor durante el proceso.

Introducción

Desde que Amazon lanzó el lector de libros electrónicos de Kindle en 2007, se ha producido una revolución de libros electrónicos al tiempo que más y más autores han creado la versión digital de sus libros. La locura de los libros electrónicos ha crecido de manera constante debido a los muchos beneficios que acompañan al producto: pueden ser descargados de forma instantánea, ocupan menos espacio en tu hogar u oficina, y puedes fácilmente tener acceso a los enlaces que se incluyen en su interior.

Cuando escribí mi primer libro, decidí crear un formato electrónico del libro y también atreverme a autopublicarlo. Ambos procesos presentan desafíos, pero mientras trabajaba para superar esos obstáculos, descubrí una gran cantidad de recursos y referencias que están disponibles en Internet para que los procesos de digitalización y autoedición sean más fáciles. Este libro es una recopilación de esos recursos, diseñado para ayudarte en tus esfuerzos para autopublicar libros electrónicos.

Tabla de Contenidos

Herramientas de Escritura

En el proceso de escribir tu libro electrónico, puedes encontrarse con obstáculos, ya sea a la hora de organizar tus notas o cuando te encuentras estancado y no tienes ni idea sobre qué seguir escribiendo. Las herramientas de escritura que se describen a continuación están diseñadas para hacer el proceso de escritura fluido y fácil de manejar.

Herramienta de Escritura 1: Literature & Latte

Literature & Latte ofrece un software llamado Scrivener, disponible para Windows y Mac, para ayudarte en el proceso de escritura de tu libro electrónico. Scrivener está diseñado para ayudarte a organizar y realizar un seguimiento de toda la información que estás utilizando para tu libro. Al utilizar el software, hay un menú en el lado izquierdo que contiene todas las diferentes secciones de tu manuscrito, que pueden ser capítulos, temas o lo que aplique para tu libro electrónico. Su tecnología de arrastrar y soltar hace fácil la reestructuración y la edición. También puedes hacer todo el formato de tu libro en Scrivener, si vas a agregar viñetas, cambiar el tipo de letra, o agregar una nota al pie. Cuando tienes un producto terminado, puedes utilizar Scrivener para exportar tu libro electrónico a un documento de Word, archivo PDF u otro formato sencillo para la autopublicación.

Enlace – **www.literatureandlatte.com/scrivener.php**

Herramienta de Escritura 2: Evernote

Cuando se escribe un libro electrónico, las ideas en ocasiones suelen venir en el momento menos esperado y terminas escribiendo pequeñas notas para ti mismo que pueden perderse fácilmente. Con Evernote, que puede ser descargado en tu Mac / PC, tableta o dispositivo móvil, puedes grabar fácilmente y realizar un seguimiento de tus notas. Añadir notas a Evernote es fácil con el software, ya que simplemente puedes escribir tus pensamientos, tomar una foto, o tomar una página web, y agregarlos a tus notas para su posterior revisión. Este estilo de toma de notas es grandioso porque cualquier idea que tengas o investigación que encuentres cuando no estás trabajando en tu libro electrónico puede ser fácilmente organizado y más tarde añadido a tu manuscrito.

Enlace – **www.evernote.com**

Herramienta de Escritura 3: 750 Words

750 palabras es un sitio web diseñado para ayudarte a plasmar tus pensamientos sobre el papel. Tu cuenta es privada y puedes volver atrás y ver todo lo que has escrito. Cuando se escribe un libro electrónico, éste puede ser un ejercicio muy útil, porque todo lo que hace es dejar que tu subconsciente se plasme en papel lo que puede servirte como inspiración o para que las ideas puedan ser añadidas a tu manuscrito. También es una manera divertida de hacerlo debido a que el sitio web funciona con un sistema de puntos. Cada vez que escribes, obtienes un punto, y cada vez que escribes 750 palabras en un día, se obtienen dos puntos. Esto te proporciona un incentivo para escribir, ¡lo que puede inspirar a escribir algunas grandes ideas!

Enlace – **www.750words.com**

Grupos para Escritores

Cuando se escribe un libro electrónico, es importante contar con un sistema de apoyo al que puedas acudir con cualquier pregunta o problema que surja. Al unirse a un grupo de escritores, puedes ser parte de una comunidad conformada por personas que están viviendo el mismo proceso lo que significa que puedes encontrar fácilmente consejos o respuestas a tus preguntas. A menudo, estas comunidades incluyen autores experimentados que ya han pasado por el proceso de prueba y pueden ofrecer algunas sugerencias.

Grupo para Escritores 1: Red Room

La razón por la cual se considera a Red Room una comunidad en línea única es que, si bien es también un mercado para tu libro electrónico, también está en contacto con tus clientes, lo cual es algo que ningún otro minorista hace por ti. Estar en contacto con tus lectores es crucial, ya que te puede proporcionar una retroalimentación honesta e ideas para futuros libros. Si te conviertes en miembro premium, Red Room ofrecerá tu libro electrónico para la venta en su sitio web y compartirá las ganancias contigo mientras te pone en contacto con tu base de clientes. Se puede crear un perfil para ti si eres un autor con obras publicadas donde puedes comercializar tus libros, compartir videos de tus entrevistas, y escribir entradas de blog. ¡Incluso si sigues siendo un aspirante a escritor, puedes compartir tu blog y conectarte con lectores, editores, agentes literarios, y mucho más!

Enlace – **www.redroom.com**

Grupo para Escritores 2: Grupo de escritura crítica de Yahoo!

Este grupo, que contiene casi 1500 miembros, es un lugar para que los escritores reciban y expresen críticas hacia y de otros escritores. Se sugiere enviar al menos 3 críticas a trabajos antes de enviar tu propio trabajo para que sepan que estás devolviendo el favor a otros autores criticando su trabajo. A ellos sólo les interesan los miembros que están dispuestos a recibir una crítica honesta y que activamente ofrezcan su crítica también. Esto significa que al unirse a este grupo, puedes estar seguro de recibir asesoría que te será útil, ya que sólo participan escritores serios y críticos.

Enlace – **www.groups.yahoo.com/group/critical_writing**

Grupo para Escritores 3: The Indie Spot

The Indie Spot es un gran foro para lectores y escritores que buscan discutir su trabajo. Tiene más de 1500 temas relacionados con la escritura por lo que es probable que encuentres debates especializados sobre el tema con el que necesitas ayuda. El grupo cuenta con aproximadamente 500 miembros, lo que significa que puedes obtener consejos y opiniones de muchas personas diferentes. Algunos de los temas que aparecen en tu sitio actualmente son preguntas sobre Kindle, presentaciones de libros, y Creaciones de cubiertas. También cuentan con el Rincón de Préstamos, una especie de biblioteca, donde puede encontrar un libro que estés buscando para leer y tomar prestado ese libro de su dueño.

Enlace – **www.indiespot.myfreeforum.org**

Grupo para Escritores 4: Writers Net

En Writers Net, puedes encontrar un directorio de miles de escritores, editores, agentes y editoriales. Esta guía de referencia es una gran forma de ampliar tus conexiones como autor y que tus preguntas sean respondidas por las personas que ya han pasado por el proceso. Para unirse a Writers Net, todo lo que tienes que hacer es crear una cuenta gratuita en la que puedes configurar un perfil para ti y promover tu libro electrónico. También tendrás acceso a todos los foros de debate en caso de que necesites respuesta a algunas preguntas o si sólo estás buscando aprender más sobre el proceso de escritura.

Enlace – **www.writers.net**

Grupo para Escritores 5: Writers Write

Writers Write es un sitio web donde se puede encontrar todo tipo de información en torno a libros, escritura y publicación. Tienen artículos sobre Kindle, trucos de autoedición y autores inspiradores que han llegado a la lista de los best-sellers. Puedes leer sobre cómo hacer publicidad, la forma de obtener críticas de tus libros electrónicos, y cómo programar regalos para tu libro electrónico.

Enlace – **www.writerswrite.com**

Grupo para Escritores 6: Wattpad

Wattpad es una comunidad en línea donde puedes conectarte con los lectores y escritores tan sólo con crear la creación de una cuenta gratuita, o usando tu cuenta de Facebook ya existente. A través de su sitio web, usted puedes compartir tus historias, novelas, o incluso partes de novelas aún no terminadas. Con una audiencia de más de ocho millones de personas cada mes, es seguro que tu libro electrónico tendrá una excelente exposición. Una idea sería publicar un extracto de tu libro electrónico e incluir un enlace donde los lectores pueden comprar el libro electrónico completo. Una característica especial es que está disponible en versión para móviles.

Enlace – **www.wattpad.com**

Grupo para Escritores 7: Book Talk

Este sitio web gratuito es una excelente manera de establecer contactos con otros autores y editores y promover tu libro electrónico al mismo tiempo. Mediante la promoción de tu libro electrónico a través de ellos, se puede llegar a una audiencia de cerca de 700000 lectores. También tienen un foro de discusión de libros donde se puede hablar sobre libros de ficción y libros no ficción, que es donde puedes compartir tu libro y decirle a las personas de lo que trata el libro con el fin de despertar el interés sobre el tema. Incluso cuentan con chats en vivo y entrevistas con los autores en su sitio.

Enlace – **www.booktalk.org**

Grupo para Escritores 8: Kindle Boards

Kindle Boards es un lugar donde los propietarios de Kindle pueden compartir y dar consejos relacionados con libros de Kindle, accesorios, críticas y sugerencias de los usuarios. Una gran manera para que los autores utilicen este sitio es unirse a Writer's Cafe, Book Bazaar, y el directorio de servicios para autores. Writer's Cafe es, básicamente, un grupo de foros que se ocupan de todos los problemas que un autor pueda tener mientras intenta publicar en Kindle su libro electrónico. Book Bazaar es un lugar divertido donde puedes promover tu libro digital ofreciéndolo como una descarga gratuita, dando consejos a alguien y luego incluyendo el enlace para comprar el libro, o hacer algo similar con el fin de hacer correr la voz acerca de tu libro. En el directorio de servicios para autores, puedes anunciar tus habilidades relacionadas con el proceso de escritura y publicación, tales como el diseño de cubiertas o la edición para que otros autores lo usen como referencia.

Enlace – **www.kindleboards.com**

Grupo para Escritores 9: Authonomy

Para unirse a Authonomy, todo lo que tienes que hacer es crear una cuenta gratuita. Tienen una sección de libros donde los miembros pueden leer libros escritos por autores como tú. Los lectores pueden encontrar un libro para leer con sólo buscar entre los mejores títulos. Como autor en este sitio web, puedes enviar tu manuscrito para que sea compartido con la comunidad, presentar tu libro electrónico en tu página de autor, y hablar con los autores de otros libros. Incluso si no estás listo a publicar por el momento, puedes utilizar este sitio web para obtener consejos sobre tu escritura, encontrar un agente literario, o conseguir un contrato de edición.

Enlace – **www.authonomy.com**

Grupo para Escritores 10: Booksie

Booksie es un lugar donde puedes compartir tus historias con los miembros, simplemente creando una cuenta gratuita. Este grupo brinda una gran oportunidad para los autores de libros electrónicos, porque puedes compartir fragmentos de tu escrito y recibir críticas antes de seguir adelante y publicarlo. Puedes configurar el perfil de escritor con tu país, biografía, y tu libro favorito. ¡Al publicar en Booksie, puedes cargar versiones de audio de tu trabajo, escuchar las obras de otros autores, y recibir comentarios sobre tu trabajo! Su plataforma global ayudará a que tu libro electrónico sea conocido por personas de todo el mundo.

Enlace – **www.booksie.com**

Grupo para Escritores 11: Nothing Binding

Nothing Binding es un sitio web que tiene como objetivo conectar a los escritores con autores con obra publicada, lectores y compradores de libros por igual. No hay cuota de membresía y al abrir una cuenta, puedes presentar tu escrito. ¡Algunos de los servicios especiales que ofrecen son la creación de clips de audio para tu trabajo permitiéndote incluir avances de libros en tu perfil! Este es un gran recurso para los autores de libros electrónicos, ya que pueden compartir pasajes de sus escritos y obtener retroalimentación de todo tipo de personas.

Enlace – **www.nothingbinding.com**

Creadores de Cubiertas de Libros

En esta sección, hay dos tipos de creadores de cubiertas para libros: en los puedes contratar a alguien para el diseño de tu libro y en los que puedes utilizar un programa para diseñar tu mismo la cubierta. De cualquier manera, es importante asegurarse de que la versión final de la cubierta sea exactamente cómo tú lo deseas, porque la cubierta es lo primero que verán todos los clientes. Todo depende de la cantidad de información que te gustaría añadir en el diseño de la cubierta y si eres o no competente en el diseño de la cubierta.

Creador de Cubiertas de Libros 1: Inkscape

Al igual que Adobe Illustrator, Inkscape es un programa de diseño que utiliza gráficos vectoriales para lograr diseños para muchos productos, como logotipos, cubiertas de libros, gráficos web, y mucho más. Es muy fácil de usar y se puede ejecutar tanto en Windows y Mac. Su entorno web consta de una gran comunidad de diseñadores a los que se puede acudir en busca de ayuda para el diseño de la cubierta de tu libro electrónico.

Enlace – **www.inkscape.org**

Creadores de Cubiertas de Libros 2: 99 Designs

99 Designs es un lugar donde se puede publicar un concurso de diseño, en este caso para la cubierta de tu libro electrónico, y diseñadores de todo el mundo pueden presentar sus ideas de diseño para que las revises. Todo lo que tienes que hacer es publicar el concurso con los parámetros de lo que le gustaría que tu diseño incluyera o no y esperar a que los diseños comiencen a llegar. Una vez que hayas revisado todos los diseños de cubierta, ¡sólo pagas por el diseño que decides usar! También se te invita a dejar comentarios a los demás diseñadores para que puedan mejorar su trabajo en el futuro y para que entiendan por qué su diseño no fue elegido.

Enlace – **www.99designs.com**

Creadores de Cubiertas de Libros 3: Crowd Spring

En Crowd Spring, todo lo que tienes que hacer es iniciar un proyecto describiendo cómo deseas que se vea la cubierta de tu libro electrónico o qué aspectos debe incluir el diseñador y la comunidad de más de 125000 diseñadores puede comenzar a presentar sus diseños para su proyecto. El proyecto promedio en Crowd Spring recibe aproximadamente 110 entradas, por lo que está garantizado que recibirás una amplia selección de diseños para elegir. Los paquetes de cubierta para libros electrónicos comienzan a partir de $ 384, incluyendo los honorarios, y a medida que los paquetes aumentan de precio, hay más funciones disponibles para tu proyecto.

Enlace – **www.crowdspring.com/index/1/**

Creadores de Cubiertas de Libros 4: Piktochart

Este recurso en particular se enfoca más en que tu seas el diseñador de la cubierta de tu libro electrónico brindándote las herramientas que te ayudarán a hacerlo. Aún cuando puedes crear una cuenta gratuita, también puedes inscribirte en uno de sus planes de pago donde se puede tener acceso a las funciones más avanzadas. Para crear tu cubierta, puedes incluir formas, palabras, temas, e incluso cargar tus propias imágenes. Éste es también un gran recurso a considerar si tu libro electrónico va a enfocarse en transmitir datos porque se puede utilizar el software para crear gráficos e ilustraciones para el interior del libro electrónico.

Enlace – **www.piktochart.com**

Trabajadores Profesionales Autónomos

Una de los aspectos a considerar cuando estás escribiendo tu libro electrónico es si estarías interesado en traducirlo. Con la llegada del Internet y otras formas de comunicación internacional, nunca había sido más fácil llegar a mercados de otros países. Al tener tu libro electrónico traducido a otro idioma como el español o el chino, tu libro se abre a un segmento demográfico completamente nuevo. Una forma de tener tu libro electrónico traducido es mediante la contratación de un profesional independiente a través de uno de los siguientes recursos. Estos recursos también son útiles en la búsqueda de otro tipo de profesionales independientes como diseñadores y programadores.

Trabajadores Profesionales Autónomos 1: eLance

eLance es un sitio web en línea donde puedes crear una cuenta gratuita y contratar a otros escritores o traductores para varios servicios. Este sitio web es el mejor si estás interesado en que tu libro electrónico esté disponible en más de un idioma, y en el mercado actual, esto es algo que sin duda debes estar considerando. Hay miles de traductores profesionales y escritores en Elance que son hablantes nativos y que traducen tu libro electrónico a un precio fijo que usted y el traductor pueden determinar. Es una forma sencilla y rentable para abrir otros mercados para tu libro electrónico.

Enlace – **www.elance.com**

Trabajadores Profesionales Autónomos 2: oDesk

oDesk es muy similar a eLance en que puedes contratar a escritores, diseñadores y traductores para que te ayuden con los diferentes aspectos de tu libro. Además de la traducción, oDesk es un gran lugar para encontrar trabajadores que pueden ayudarte con los aspectos tecnológicos de tu libro. Por ejemplo, puedes contratar a alguien para diseñar un sitio web para tu libro electrónico o incluso para ayudar a formatear tu libro para presentarlo a cualquier mercado que tengas en mente.

Enlace – **www.odesk.com**

Trabajadores Profesionales Autónomos 3: Guru

Guru es una comunidad en línea de más de 350,000 "gurús" que están disponibles para ser contratados para casi cualquier tipo de trabajo autónomo. Puedes publicar tu proyecto de forma gratuita bajo una serie de categorías que incluyen ingeniería, fotografía y ventas, para recibir propuestas de trabajo o puedes navegar a través de sus profesionales independientes y preguntar a alguien si estaría interesado en completar tu trabajo. Puedes encontrar un profesional independiente que te ayude con casi todo lo que necesitas para tu libro electrónico. Una vez que hayas creado una cuenta, se te dará tu propia página de administrador donde fácilmente puedes organizar y dar seguimiento a los diferentes trabajos que tienes y los objetivos o plazos que has dado a tus trabajadores.

Enlace – **www.guru.com**

Sitios Web Educativos

Si te encuentras ante una diversidad de problemas con un proceso particular, puede interesarte consultar uno de estos sitios web educativos. La mayoría de ellos disponen de videos donde se puede ver lo que otros autores han hecho. Para algunas personas, esto es mucho más útil que leer sobre ello porque se puede visualizar qué hacer para solucionar su problema.

Sitio Web Educativo 1: Udemy

Aprende algo nuevo cada día. Esto es posible a través de Udemy porque en su página web, se pueden encontrar cursos en línea impartidos por expertos de todo el mundo en casi todos los temas. Debido a que te encuentras en el proceso de escribir y publicar un libro electrónico, Udemy es un gran recurso que debes considerar. Puedes encontrar cursos que te servirán en el proceso de escritura, el diseño de una cubierta, o la publicación de tu libro electrónico. Al aprovechar estos cursos en línea, puedes obtener el máximo provecho de tu proceso de publicación.

Enlace – **www.udemy.com**

Sitio Web Educativo 2: YouTube

Aunque muchos de ustedes ya están familiarizados con YouTube, un sitio web gratuito para compartir videos donde se pueden subir, compartir y ver videos, puede que no sepas que YouTube también puede ayudarte en el proceso de autopublicación de tu libro electrónico. Además de los numerosos videos musicales y escenas cómicas que se pueden encontrar en YouTube, hay también varios videos educativos que cubren una amplia gama de temas; uno de ellos es el escribir y publicar un libro electrónico. Puedes utilizar YouTube para buscar videos que te ayudarán con la escritura, edición, diseño, o incluso la publicación de tu libro electrónico.

Enlace – **www.youtube.com**

Sitio Web Educativo 3: Askville by Amazon

Askville, un servicio gratuito proporcionado por Amazon, es un sitio web de preguntas y respuestas donde puedes hacer preguntas acerca de casi cualquier cosa, y un miembro del equipo de Askville o alguien de la comunidad Askville responderá a tu pregunta. ¡Todo lo que necesitas para inscribirte es tu dirección de correo electrónico antes de empezar a hacer todas las preguntas que necesitan una respuesta! Este es un gran recurso para el proceso de publicación de tu libro electrónico ya sea si deseas saber sobre cómo diseñar correctamente la cubierta de un libro electrónico o cómo elegir un medio de autopublicación, es probable que recibas una respuesta informada.

Enlace – **www.askville.amazon.com**

Asistentes para Autopublicación

Hay mucho que tomar en cuenta a la hora de la autopublicación de tu libro electrónico, incluidos los números ISBN, canales de distribución y regalías, sólo por nombrar unos pocos. Los asistentes de autopublicación que se mencionan a continuación ofrecen una gran ayuda, ya sea que desees que tu asistente se haga cargo de todo el proceso o sólo estás buscando un poco de orientación.

Asistente para Autopublicación 1: Aventine Press

Aventine Press es una empresa de autopublicación que los usuarios encuentran muy fácil de usar. Ellos están ahí para ayudarte con varios aspectos del proceso de publicación, tales como verificar la distribución del interior de tu libro electrónico, ayudarte a diseñar la cubierta y también todo lo relacionado con la comercialización del libro electrónico. Ellos ofrecen servicios rápidos por lo que suelen tener tu libro electrónico publicado en un plazo de tres meses. ¡Además, son capaces de ofrecerte altas regalías que van hasta el 80% de los ingresos!

Enlace – **www.aventinepress.com**

Asistente para Autopublicación 2: Publish Green

Publish Green es una empresa de autopublicación que se hará cargo de la mayor parte del trabajo editorial por ti. Ellos tienen diferentes paquetes que se adaptan a tu presupuesto y necesidades. Algunos de los servicios que ofrecen incluyen conversiones a formatos MOBI y EPUB, distribución a través de Amazon, bibliotecas así como iBookstore, y decidir sobre las regalías de otras compañías. ¡Incluso ofrecen 100% de las regalías sobre cada ejemplar vendido a través de su página web! Algunas de las formas que en las que te ayudarán a promocionar tu libro electrónico es mediante la creación de visitas virtuales de libros con varios blogueros y la creación de una campaña de comercialización de Google para ti. Tienen representantes de ventas con los que puedes hablar para que te ayuden a elegir un paquete y ¡también puedes ver muestras de trabajos anteriores antes de tomar la decisión de trabajar con ellos!

Enlace – **www.publishgreen.com**

Asistente para Autopublicación 3: iUniverse

iUniverse es una empresa de autopublicación que editará, comercializará y publicará tu libro, todo esto con la ayuda de los mejores profesionales de la industria. Tienen varios paquetes que se ajustan a tu presupuesto y cuentan con programas especiales, como su programa de aprendizaje, para los autores que no están familiarizados con el proceso de publicación. Ellos ofrecen muchos servicios como diseño de la cubierta, creación de versiones de libros de audio de su libro electrónico y la creación de un avance de tu libro electrónico.

Enlace – **www.iuniverse.com**

Asistente para Autopublicación 4: Xlibris

Xlibris es un sitio web creado por autores para autores que proporciona diversos servicios editoriales y recursos para ayudarte a publicar tu libro. Algunos de los servicios con los que Xlibris te pondrá en contacto son guías de escritura, promotores de libros y editores. Puedes decidir sobre la cantidad de ayuda que recibes, ya sea una guía paso a paso o simplemente que respondan a preguntas que puedas tener de vez en cuando. Ellos tienen un lugar especial en su sitio web llamado Salón del autor donde se puede obtener asesoría legal sobre el proceso de publicación. También te dan acceso a concursos literarios y eventos.

Enlace – **www.2.xlibris.com**

Asistente para Autopublicación 5: AuthorHouse

AuthorHouse se enfoca en diversos tipos diferentes de publicaciones como libros de bolsillo, libros de cubierta dura, para niños, y libros para colorear. La sección de libros electrónicos de su sitio ofrece programas de publicación a partir de 349 dólares, que incluyen asesoría personalizada al autor, cubiertas personalizadas del libro, el ISBN y el diseño interior de tu libro electrónico. También te brindarán apoyo en la comercialización en los medios sociales y un formato digital en el mismo paquete. Ellos ofrecen muchos recursos para el autor, como su propia televisión AuthorHouse que cubre información en torno a la edición independiente.

Enlace – **www.authorhouse.com**

Asistente para Autopublicación 6: Friesen Press

Friesen Press ofrece paquetes de autopublicación a partir de $399 que incluyen muchos servicios como cubiertas personalizadas para libros electrónicos y los contratos de no exclusividad. Uno de los beneficios de trabajar con Friesen Press es que tú, el autor, conservarás el 100% de los derechos de autor y el 100% del control. Friesen también hace posible que tu libro esté disponible en más de 25,000 librerías de todo el mundo. Si deseas obtener más información acerca de sus servicios antes de inscribirte en uno de sus programas, simplemente solicita tu Guía de Autor gratis.

Enlace – **www.friesenpress.com**

Asistente para Autopublicación 7: Scribd

Scribd es una comunidad en línea que básicamente funciona como una biblioteca en línea. Puedes publicar tus propias obras y documentos, pero también puedes explorar lo que otros han escrito. Cuando deseas publicar tu libro electrónico en la página web Scribd, sólo tienes que cargar el archivo del libro electrónico, y comenzar a vender tu libro electrónico en la tienda de Scribd donde te permitirán conservar el 80% de los ingresos. También te ayudará a asegurarte de que tu trabajo está disponible en la mayoría de las plataformas como los lectores de libros electrónicos.

Enlace – **www.scribd.com**

Asistente para Autopublicación 8: Self Publishing

Este sitio web utiliza un proceso de cuatro pasos con el fin de mejorar tu experiencia de autopublicación. En primer lugar, tienen una sección donde se puede aprender sobre los aspectos básicos de la edición para que sepas en qué consiste el proceso. A continuación, trabajas en la preparación del libro electrónico en sí, incluida la edición, organización y diseño. Cuando hayas terminado la preparación del libro, se pasa a la sección de impresión de libros, donde decides la forma en que tu libro se distribuirá, ya sea en línea o en las tiendas. Por último, se trabaja en el aspecto de comercialización del libro y Self Publishing te ayudará a lo largo de todo el camino.

Enlace – **www.selfpublishing.com**

Asistente para Autopublicación 9: E-Book Publishing

Este sitio web puede ser considerado más especializado, ya que se enfocan solamente en libros electrónicos. De esta manera, estarás seguro de obtener la información precisa que necesitas. Algunos de los servicios que ofrece este sitio web son la personalización de todo el diseño, el seguimiento de la producción de libros y la distribución en todo el mundo. Incluso antes de empezar, si les hablas un poco acerca de tu libro, se te enviará una guía de publicación gratuita para que puedas empezar a aprender sobre el proceso y decidir si su compañía es la adecuada para ti.

Enlace – **www.e-bookspublishing.com**

Asistente para Autopublicación 10: Para Publishing

Este sitio web está diseñado para ayudarte en cada paso de la escritura del libro y el proceso de publicación. Su sitio contiene varios recursos en formato de libro y formato de libro electrónico que son específicos para las diferentes etapas del proceso de escritura. Por ejemplo, tienen libros exclusivamente sobre la escritura de textos de no ficción o sobre cómo manejar el diseño de la cubierta del libro electrónico. ¡También puedes suscribirte a su boletín informativo gratuito a través del cual envían dos veces al mes nuevos consejos y recursos sobre la escritura y la publicación del libro!

Enlace – **www.parapublishing.com/sites/para/**

Asistente para Autopublicación 11: eReader Chat

Al pasar por el proceso de autopublicación, es importante tener en cuenta en qué tipos de canales de distribución estarías interesado para tu libro electrónico. Puede ser más complicado en estos días con todos los diferentes formatos de libros electrónicos y lectores de libros electrónicos. eReader chat está diseñado para ayudar a los lectores y autores por igual a entender las diferencias entre libros Kindle, lectores de libros electrónicos de Sony, y iPads, y para ayudarles a decidir cuáles se adaptan mejor a su libro electrónico. Al leer esto, puedes ahorrar tiempo al no intentar convertir tu libro electrónico en un formato que funcione en un lector de libros electrónicos en el que finalmente pudiera no ser tan exitoso.

Enlace – **www.ereaderchat.com**

Asistente para Autopublicación 12: Media Shift

Media Shift es un sitio web diseñado para ayudarte a familiarizarse y comprender la revolución de los medios digitales. Este sitio es para aquellos que puedan estar interesados en la publicación de un libro electrónico, pero no son tan eficientes en el proceso digital., Hablan acerca de los efectos de los medios digitales en la educación, las perspectivas globales y los negocios que pueden ayudarte a tomar decisiones con respecto a cómo abordar la escritura, publicación y comercialización de tu libro electrónico.

Enlace – **www.pbs.org/mediashift**

Asistente para Autopublicación 13: The Future of Ink

Este sitio web está diseñado para ayudarte con los pasos de la edición digital y tiene una gran concentración de libros electrónicos. Tienen varios artículos en los que puedes estudiar sobre temas como comercialización, la contratación externa y la obtención de reseñas. Tienen un grupo de autores que escriben para ellos por lo que es probable que encuentres lo que estás buscando en al menos uno de sus artículos. Una de las características interesantes que tienen son sus entrevistas con expertos en el mundo de la edición digital. Algunas de estas entrevistas incluso cuentan con audio que las acompaña para que también puedas escuchar hablar al experto.

Enlace – **www.thefutureofink.com**

Asistente para Autopublicación 14: Catherine, Caffeinated

Este es un blog cuya propiedad y dirección está a cargo de Catherine Ryan Howard, una autora que brinda consejos gratis sobre autopublicación. Sus blogs son siempre interesantes y abarcan temas que un blog promedio puede no incluir por ejemplo "6 maneras de sobrevivir a las opiniones negativas". Su estilo de escritura creativa permite a los aspirantes a escritores y editores que buscan aprender sobre el mundo de la autopublicación, mientras pasan un buen rato. Ella incluso tiene un boletín informativo gratuito al que puedes inscribirte para recibir una vez por mes interesantes noticias.

Enlace – **www.catherineryanhoward.com**

Convertidores de Formato

Hay muchos tipos diferentes de lectores electrónicos por ahí y la mayoría de ellos utilizan diferentes formatos de libros electrónicos. Por lo tanto, es importante asegurarse de que tu libro electrónico esté disponible en todos los formatos compatibles con los lectores electrónicos. La mayoría de estas conversiones de formato se pueden hacer de forma gratuita, visitando uno de los siguientes recursos.

Convertidor de Formato 1: PDF Online

Uno de los formatos en los que el libro electrónico debería estar disponible es el formato PDF. De esta forma puede ser fácilmente descargado y leído en casi cualquier ordenador. Este sitio web convertirá la versión de Microsoft Word de tu libro electrónico en un archivo PDF que puedes enviar a los clientes. El proceso es simple, porque todo lo que tienes que hacer es subir la versión de Microsoft Word en su sitio web, elegir un nombre para el archivo PDF, teclear tu dirección de correo electrónico para que se envíe por correo electrónico un archivo de la copia de seguridad, esperar a que ellos conviertan el documento y ¡descargar el nuevo archivo! Este es un sitio estupendo, porque la conversión de PDF es crucial para tu libro electrónico y ellos hacen el proceso muy sencillo.

Enlace – **www.pdfonline.com/convert-pdf**

Convertidor de Formato 2: 2 EPUB

Para que tu libro electrónico pueda ser leído en iPads, lectores de Sony, Nooks, u otros lectores electrónicos similares, debes tener una versión de tu libro electrónico disponible en formato ePub. Este sitio web, 2 EPUB, convertirá la mayoría de las versiones de tu libro electrónico, como Microsoft Word, PDF o Mobi, en formato ePub. También tienen un proceso muy simple para completar la conversión donde todo lo que tienes que hacer es subir la versión existente de tu libro, determinar los parámetros para el archivo de salida, presionar convertir y descargar el nuevo archivo.

Enlace – **www.2epub.com**

Convertidor de Formato 3: Calibre-eBooks

Calibre es un software para libros electrónicos que se puede utilizar para convertir los libros electrónicos en varios formatos diferentes. Es compatible con casi cualquier tipo de formato de libro electrónico que necesites para cualquier tipo de lector de libros electrónicos. También es un gran software para administrar y organizar tus libros electrónicos y cualquier libro electrónico que se descargue para leer. ¡Puede ordenar los libros por título, autor, fecha de publicación, tamaño, y mucho más! Además, para aquellos que les gusta estar al día en las noticias, Calibre puede ser configurado para buscar automáticamente las noticias de la web para ti y darles un formato fácil de leer en libro electrónico.

Enlace – **www.calibre-ebooks.com**

Mercados

Otra decisión importante relacionada con la publicación de tu libro electrónico es elegir dónde venderlo. Hay varios mercados en línea donde tu libro electrónico puede estar disponible, pero es importante tener en cuenta factores tales como las regalías, honorarios por anuncio, y qué tanta exposición de tu libro electrónico recibirás en ese mercado particular.

Mercado 1: Amazon

Una forma de comercializar y vender tu libro electrónico es a través de Amazon. Amazon es un mercado en línea que atiende a más de 90 millones de clientes, ¡es la tienda más grande del mundo en este momento! Amazon cuenta con fabulosos servicios que te ayudarán a vender tu libro electrónico, tales como altas regalías, rápida edición, y una exposición a nivel mundial. Es fácil vender tu libro electrónico con Amazon, porque todo lo que necesitas es tu manuscrito y una cuenta de Amazon.

Enlace – **www.amazon.com**

Mercado 2: CreateSpace

CreateSpace es un subgrupo de Amazon. Si bien el objetivo principal de CreateSpace es ayudarte con la producción de un libro físico, vale la pena darles una copia de tu libro electrónico para que puedan promocionarlo entre las personas que no tienen una manera de leer libros electrónicos. CreateSpace imprimirá y entregará los pedidos de su libro a medida que llegan de modo que no tienes que preocuparte por el inventario. Es una gran manera de empezar a ganar dinero sin mucha inversión.

Enlace – **www.createspace.com**

Mercado 3: Smashwords

Smashwords es un mercado en línea de libros electrónicos donde se pueden encontrar obras de autores y editores independientes. Smashwords también te ayudará a distribuir tu propio libro electrónico a otros distribuidores, tales como la iBookstore de Apple y Barnes & Noble. Ellos son el distribuidor independiente de libros electrónicos más grande del mundo y ofrecen el 85% de regalías a los autores. ¡Puedes inscribirte para una cuenta gratis con ellos y todo lo que necesitas es una versión de Microsoft Word de su libro!

Enlace – **www.smashwords.com**

Mercado 4: Pubit! By Barnes & Noble

Pubit es un servicio ofrecido por Barnes & Noble en el que sólo necesitas crear una cuenta gratuita, subir tu manuscrito y la cubierta, y ellos crearán un archivo NOOK de su libro electrónico fácil de usar. Al vender a través de Barnes & Noble, también conservarás el 100% de tus derechos sobre el libro electrónico. Su característica especial, Look Inside, le permite echar un vistazo a cómo se verá la versión final de tu libro electrónico, lo que te permite editar según sea necesario. Barnes & Noble vende a millones de lectores y es la N º 1 en el mundo, ¡lo que significa que tu libro electrónico automáticamente estará disponible para todas esas personas!

Enlace – **www.pubit.barnesandnoble.com**

Mercado 5: Lightning Source

Lightning Source es otro mercado en línea donde puedes publicar tu libro electrónico. Algunos de los beneficios de trabajar con Lightning Source son una conexión directa con varios mayoristas y minoristas, una alta rentabilidad sin importar cuántas copias de tu libro se vendan, y tienen un servicio de logística de modo que nunca tendrás que mantener a la mano ejemplares del libro. ¡También puedes utilizarlos de forma internacional para que puedan comercializar tu libro electrónico en todo el mundo!

Enlace – **www.1.lightningsource.com**

Mercado 6: Lulu

Lulu es un mercado en línea donde puedes publicar tu libro electrónico gratis y ponerlo a disposición de millones de personas. Tienen varios servicios de publicación para ayudarte a lo largo del camino, como creadores de cubiertas, formateo y comercialización del libro electrónico. Ofrecen un sencillo proceso paso a paso para la publicación, desde cargar el archivo manuscrito hasta la promoción de tu libro electrónico cuando esté terminado. Además, cuando se trata de usar sus servicios pagados, tienen consultores que pueden hablar contigo de modo que ¡sólo adquieras los servicios que realmente necesitas sin tener que gastar dinero en servicios innecesarios!

Enlace – **www.lulu.com**

Mercado 7: eBay

Si estás ofreciendo tu libro electrónico también en versión de libro de bolsillo, otro mercado en el que puedes ofrecer tu libro es eBay. Puedes utilizar eBay para crear una cuenta gratuita, y luego anunciar tu libro. Tendrías que mantener copias disponibles de tu libro para tenerlas a la mano cuando comiences a vender, pero podría valer la pena porque finalmente, estarías ganando regalías más altas por cada copia vendida. Puedes actualizar tu publicación para que refleje cuántos libros tienes disponibles y se puede mantener tu publicación de forma continua para que esté siempre activa.

Enlace – **www.ebay.com**

Generadores de Sitios Web

Si bien es posible que desees presentar tu libro electrónico en un mercado ya existente, también es importante contar con tu propio sitio web donde tengas a la venta el libro electrónico para venta. Hay muchos generadores de sitios web por ahí donde puedes fácilmente crear tu propio sitio web mediante la adición de imágenes y texto, pero también hay programas donde puedes aplicar diseños de páginas web más avanzados si tienes experiencia en este tipo de diseño. Lee sobre los recursos que se encuentran a continuación para encontrar el generador de sitio web ideal para ti.

Generador de Sitios Web 1: Yola

Yola es un sitio web fácil de utilizar donde puedes diseñar un sitio web gratuito y profesional para promover tu libro electrónico. Ellos te darán un nombre de dominio personalizado o puedes proporcionar el tuyo. Puedes comenzar de forma gratuita y dispone de varias opciones de pago que se ajustan a cualquier presupuesto. No necesitas tener experiencia en diseño de sitios web, ya que sólo tienes que arrastrar y soltar los componentes gráficos que desees usar, pero si tienes experiencia en diseño de sitios web, también puedes editar los códigos HTML, JavaScript y CSS. Puedes tener varias páginas de tu sitio y puedes controlar si están visibles u ocultas. ¡Esta es una gran característica porque se puede utilizar una página oculta como página de descarga de libros electrónicos donde solamente tú conozca la URL!

Enlace – **www.yola.com**

Generador de Sitios Web 2: Webs

Webs es otro generador de sitio web que es fácil de utilizar debido a sus funciones de arrastrar y soltar. Puedes elegir entre varias plantillas de diseño profesional que se pueden personalizar para promover y vender tu libro electrónico. Webs te proporcionará un nombre de dominio personalizado o puedes utilizar alguno que ya tengas. Puedes incluso utilizar Webs como un sitio de comercio electrónico donde puedes crear un anuncio para tu libro electrónico, fijar el precio, y cobrar los pagos, ya sea con Google Checkout o PayPal.

Enlace – **www.webs.com**

Carros de la Compra

Después de crear y configurar tu propio sitio web para el libro electrónico, debes buscar añadir un software de carrito de la compra en el sitio. Cuando un cliente compra tu libro electrónico a través de tu página web, el software de carrito de compras que tienes puede ser muy útil debido a que el software permite a los clientes añadir más libros (si tienes más de uno), la compra de más de una copia, o guardar sus datos en su sistema para futuras compras.

Carro de la Compra 1: Ecwid

Ecwid es un software de carrito de la compra que puedes instalar en tu propio sitio web y que los clientes pueden utilizar para comprar tu libro electrónico. El proceso de configuración del software es muy rápido y puede ser configurado para trabajar en la Web, una página de Facebook, o un dispositivo móvil. No tienes incluso que crear una nueva cuenta, si ya tienes una cuenta de Google, Twitter o Facebook. Algunas de las principales características de este software es que puede ser integrado en cualquier sitio web existente, incluyendo los sitios de redes sociales.

Enlace – **www.ecwid.com**

Carro de la Compra 2: OsCommerce

OsCommerce, abreviatura de Open Source E-Commerce Solutions es una empresa en línea que ofrece un servicio de carrito de compras para tu sitio web. Es totalmente multilingüe para aquellos que están interesados en llegar al mercado internacional. A través de este servicio, puedes tener un número ilimitado de productos anuncios y que te ayudará con la descarga de tu libro electrónico para tus clientes. También es muy útil para los clientes, ya que pueden entrar y ver sus pedidos anteriores e incluso tener una cuenta para que no tengan que introducir su dirección de envío cada vez que hagan una compra. Esto es importante porque mientras más fácil sea la compra para el cliente, más probabilidades hay de que te compren de nuevo en el futuro.

Enlace – **www.oscommerce.com**

Carro de la Compra 3: Magento

Magento es otro servicio de carrito de compras que ofrece carritos de compras en línea a más de 100,000 comerciantes. Ellos son profesionales y ofrecen programas diferentes que son específicos para el tamaño de su negocio, ya sea que seas un pequeño propietario independiente o una corporación. Algunas de las características de sus carritos de compras incluyen la optimización de motores de búsqueda, cupones personalizados que se crearán para que tus clientes los utilicen en su tienda, y diversas opciones de pago y envío.

Enlace – **www.magentocommerce.com**

Carro de la Compra 4: Zen Cart

Zen Cart es un proveedor de carrito de compras creado por propietarios de tiendas reales que colaboran con los programadores para llegar a soluciones de carrito de compras que toman en cuenta al cliente para hacer el proceso de compra fácil y sin complicaciones. Incluso ofrecen una colección de DVD donde se puede obtener capacitación en el uso del software de carrito de la compra y la manera de hacerlo más eficiente de acuerdo a lo que estás vendiendo.

Enlace – **www.zencart.com**

Carro de la Compra 5: Payvment

Payvment es una plataforma de comercio social donde puedes incluir tus productos en su Centro Comercial social. Esta plataforma es única en la manera en que llama la atención hacia tus productos a través de los medios sociales. Los clientes pueden compartir sus productos a través de los sitios web de redes sociales más populares, como Facebook, Twitter, Google Plus, Pinterest, y correo electrónico. ¡Esta es una gran manera de presentar tu libro electrónico porque atraerá clientes a la página de producto a través de acciones como "compartir", "me gustan" y las listas de deseos!

Enlace – **www.payvment.com**

Carro de la Compra 6: E-Junkie

E-Junkie es un sitio web que le proporcionará un carrito de compras y botones de "comprar ahora" para su sitio web para que fácilmente puedas distribuir productos digitales, como tu libro electrónico. También puedes colocar estas presentaciones en eBay, MySpace, Google Base, Craigslist, y muchos otros sitios web. También cuenta con varios procesadores de pago que se pueden utilizar a través de sus botones como PayPal, Google Checkout, "Autorizar" y Clickbank. La seguridad y automatización del proceso de distribución de tu libro electrónico es un gran beneficio para las ventas de tu libro electrónico porque atraerás a más clientes con tus servicios profesionales.

Enlace – **www.e-junkie.com**

Procesadores de Pagos

Una vez que el libro electrónico se ha publicado, será más probable que vendas tu libro a través de tu propio sitio web. Con el fin de facilitar este proceso, debes tener una cuenta con un procesador de pagos para que tus clientes se sientan cómodos a la hora de comprarte. La mayoría de los procesadores de pagos también conservan un registro de todos los pagos recibidos o realizados para que puedas consultarlos en el futuro.

Procesador de Pagos 1: PayPal

Una empresa que puedes utilizar para procesar los pagos de tu libro electrónico es PayPal, un sitio web seguro y fácil que acepta pagos en 25 monedas diferentes para ti y almacenarlos en tu cuenta PayPal. A partir de ahí, se puede decidir a dónde va tu dinero, ya sea a tu cuenta bancaria, una compra en línea, o un cheque que PayPal puede enviar por correo directo a ti. Además, PayPal te permite colocar un botón de "Comprar ahora" en tu sitio web donde los clientes pueden hacer clic en él y pagar con una tarjeta de débito, tarjeta de crédito o cuenta bancaria. Tu cliente no necesita ni siquiera tener su propia cuenta de PayPal, ya que ofrece una opción de pago para visitantes.

Enlace – **www.paypal.com**

Procesador de Pagos 2: Google Checkout

Otra compañía que puedes utilizar para procesar los pagos de tu libro electrónico es Google Checkout, un procesador en línea que está afiliado con Google Wallet. Se trata de un programa seguro, ya que sólo aceptan pagos de los clientes que han creado una cuenta de Google. Al igual que PayPal, puedes configurar un botón de "Comprar ahora" que llevará a tu cliente directamente a la página de Google Checkout y donde puede pagar con su tarjeta de crédito o débito. Cuando configuras tu libro electrónico y los botones, puedes seleccionar la opción de "Producto Digital" e introducir la dirección URL de la página de descargas a dónde Google redirigirá al cliente al final de su compra.

Enlace – **www.checkout.google.com**

Contestadores Automáticos

A veces, los lectores interesados pueden visitar tu sitio web, pero no están listos para hacer una compra aún y terminan olvidándose del libro electrónico. Un contestador automático es muy útil en esta situación, ya que está diseñado para recopilar información de los posibles clientes y recordarles acerca de los beneficios de tu libro electrónico. Cuando te inscribes en un contestador automático, ellos te brindará un formulario para publicar en tu sitio web y se encargarán del resto. Cada vez que alguien ingrese su información en tu sitio web, el contestador automático utilizará esa información para mantenerse en contacto con el cliente a través de correos electrónicos.

Contestador automático 1: AWeber

Cuando un cliente potencial visita el sitio web de tu libro electrónico, es importante conseguir la venta. A veces, esa persona puede no estar lista para hacer una compra, pero hay que asegurarse de que no se olvide de tu libro. Los contestadores automáticos como AWeber ofrecen formularios de registro de correo electrónico que puedes colocar en tu sitio web para que los visitantes pueden registrarse y recibir actualizaciones por correo electrónico. Cuando alguien compra tu libro electrónico, AWeber automáticamente le enviará un correo electrónico dándole las gracias por su compra. Si los clientes se inscriben para recibir tus correos electrónicos, pero no compran el libro, AWeber les enviará correos electrónicos periódicos recordándoles los beneficios de tu libro electrónico hasta que lo compren.

Enlace – **www.aweber.com**

Contestador automático 2: Responders

Esta página te ofrece la oportunidad de utilizar una plantilla o crear tu propio formulario para que lo coloques en tu sitio web y haga todas las preguntas o recabe todos los datos que estés interesado en recibir. Por ejemplo, puedes utilizar un formulario de registro de correo electrónico para recabar todos los correos electrónicos y nombres de las personas y crear tu propia lista de correo. También puedes utilizar los contestadores automáticos para crear un correo electrónico programado previamente que las personas recibirán automáticamente cuando completen el formulario en tu sitio. Esto es muy bueno para los sitios web de libros electrónicos, ya que se puede recabar información de las personas y enviar mensajes de correo electrónico informándoles sobre los beneficios de tu libro electrónico y las razones por las que deberían comprarlo.

Enlace – **www.responders.com**

Contestador automático 3: Gratis Autobot

Free Autobot es un sitio web que enviará a tu lista de correo electrónico, correos electrónicos automáticos tan sólo segundos después de que los usuarios se registren. Puedes enviar un número ilimitado de correos electrónicos de seguimiento a tu lista de correo y Free Autobot no incluirá ningún tipo de publicidad en los correos electrónicos. Esta es una gran manera de promover tu libro para aquellas personas que no compran el libro de inmediato, pero que se registran en tu lista de correo electrónico, así puedes recordarles a todos los beneficios que tu libro electrónico tiene para ofrecer.

Enlace – **www.freeautobot.com**

Contestador automático 4: Send Free

Send Free tendrá en cuenta todos los diferentes mensajes y materiales que necesitas para enviar a los clientes para que cada vez que un cliente solicita información acerca de tu libro electrónico, pueden enviarlo de la forma más eficiente posible. Después, enviarán correos electrónicos de seguimiento para ayudarte a que puedas cerrar la venta de tu libro con varios clientes.

Enlace – **www.sendfree.com**

Contestador automático 5: List Wire

List Wire es un sitio web de contestador automático que simplifica el sistema de mercadeo por correo electrónico. Te permiten agregar un "Marco de Compresión" a tu sitio web, que es un formulario de inscripción que los clientes potenciales del libro electrónico pueden utilizar para inscribirse en tu lista de correo electrónico. Ellos manejan mensajes de confirmación, procesan las solicitudes de eliminación y mucho más para ayudarte de forma efectiva a administrar tu negocio de libros.

Enlace – **www.listwire.com**

Contestador automático 6: Get Response

Get Response es otro sitio web de contestador automático que se encargará de tus correos de comercialización y seguimiento. También puedes rastrear los resultados de tu campaña de correo electrónico (ventas de libros electrónicos) y se enfocan en descubrir cómo automatizar el proceso de comercialización. Puedes probarlo de forma gratuita, ¡pero también tienen opciones de pago para todos los bolsillos!

Enlace – **www.getresponse.com**

Contestador automático 7: Mail Chimp

Mail Chimp es otro servicio de contestador automático al que puedes registrarte de forma gratuita. Ofrecen servicios como ayudarte a diseñar boletines informativos para tu campaña de correo electrónico, así como apoyarte en la distribución de los boletines informativos en varias redes sociales, y te permite realizar un seguimiento de los resultados de tu campaña, por ejemplo, la forma en que las ventas de tus libros electrónicos están mejorando.

Enlace – **www.mailchimp.com**

Mercados de Afiliados

Una manera de mejorar las ventas de libros electrónicos es registrándose con un comerciante afiliado. Si te das cuenta que no estás alcanzando el número de ventas en tu propia página web que desearías, sólo anuncia tu libro electrónico en uno de los sitios web de los siguientes comerciantes afiliados así como en otros sitios web que pueden también mostrar tu libro. ¡Tú decides qué comisión estás dispuesto a ofrecer a los comerciantes y tu libro obtiene una mucho mayor exposición!

Afiliado Mercado 1: Click Bank

Click Bank es un mercado digital que está diseñado para ayudarte a vender productos digitales como tu libro electrónico. Una vez que el libro electrónico se muestra como un producto en tu sitio web, los comerciantes afiliados de Click Bank pueden elegir presentar tu libro electrónico en su sitio web a cambio de una comisión. Al mostrar tu libro electrónico, tú puede sugerir un precio de venta de tu libro electrónico cuando se vende en otro sitio web y decidir la comisión que estás dispuesto a pagar a tus vendedores. Hay una cuota única de inscripción de tu libro electrónico en Click Bank, pero después de eso, ellos harán el pago automáticamente a ti y a tu vendedor.

Enlace – **www.clickbank.com**

Herramientas de Seguimiento Para Sitios Web

Es importante mantener tu sitio web tan actual y tan atractivo para su segmento demográfico como sea posible. Para lograrlo, debes tener una buena idea de quién es tu segmento demográfico. Una manera de llevar un control sobre tu segmento demográfico es el uso de una herramienta de seguimiento de sitio web como los que se enumeran a continuación. Estos rastreadores de sitios web pueden informarte quiénes están visitando su sitio web, cómo llegaron a tu sitio web, la cantidad de tiempo que pasan mirando tu sitio web, y mucho más.

Herramienta de Seguimiento Para Sitios Web 1: Stat Counter

Stat Counter es un sitio web que proporciona un análisis de tu sitio web que rastrea a tus visitantes, de dónde son, cuánto tiempo permanecieron en tu sitio web, y mucho más. Tienen un gran plan que no tiene costo, e incluso éste incluye muchas características útiles, como la forma en que tus visitantes encontraron tu sitio web, pero también ofrecen planes de pago que comienzan a partir de $ 5.00 por mes. Algunas de sus características más avanzadas incluyen un logotipo de marca personalizada y el seguimiento de HTTPS. Este servicio es de gran valor para el sitio web de tu libro electrónico, ya que te permite ver de dónde provienen la mayoría de los visitantes, lo que puede ayudar a reducir la publicidad de tu libro a un segmento demográfico determinado.

Enlace – **www.statcounter.com**

Herramienta de Seguimiento Para Sitios Web 2: Site Meter

Site Meter ofrece seguimiento para tu sitio web en tiempo real de forma gratuita o puedes inscribirte en uno de sus planes de pago a partir de $ 6.95 por mes. Sus contadores y el seguimiento permiten ver quién está visitando tu sitio web, cómo llegaron allí, cuáles son sus intereses, y mucho más. Sus planes especiales ofrecen un análisis profundo de esta información incluyendo aspectos como un mapa del mundo que le muestra los lugares específicos de dónde vienen tus visitantes y cuánto tiempo dura la visita promedio. Este tipo de estadísticas son útiles porque te permiten determinar el segmento demográfico de tu libro lo que crea un público objetivo al que enfocar tu publicidad.

Enlace – **www.sitemeter.com**

Asesoría sobre Blogs

Una forma de mantener a sus clientes y lectores interesados consiste en mantener un blog. Puede blog acerca de su libro electrónico, sus aventuras de escritura, o incluso a ti mismo, pero es importante saber los trucos para blogs con el fin de tener un blog exitoso. Muchos de los recursos a continuación son propiedad de veteranos de blogs que conocen los entresijos de los blogs y puede ayudarle a convertirse en un blogger próspera.

Asesor de Blogs 1: Blogging Tips

Ya sea que tengas un blog donde escribes como un autor o que tengas un blog que se enfoque en la promoción de tu libro electrónico, es imprescindible que te asegures de estar bien familiarizado con la atmósfera de los blogs para que tu blog sea muy exitoso. Este sitio web no sólo publica varios consejos y recursos que te ayudarán a aprender a crear y mantener un blog próspero, sino que también cuenta con una guía paso a paso para tener un blog que cubre todos los aspectos, desde la elección del nombre de tu blog hasta conseguir que tu blog sea indexado en Google.

Enlace – **www.bloggingtips.com**

Asesor de Blogs 2: Daily Blog Tips

Este sitio web es un gran recurso para los autores que desean crear un blog acerca de su libro electrónico, ya que abarca numerosos aspectos relacionados con escribir un blog. Por ejemplo, se habla de monetizar tu blog o publicar videos en él. Este sitio web te ayudará a perfeccionar tus habilidades de creación y mantenimiento de blogs ya que cuenta con muchos artículos que se enfocan en cada una de las diferentes fases de los blogs. Es una gran fuente de información, ya que varios blogueros experimentados están publicando lo que han descubierto a partir de sus propias experiencias en el sitio por lo que tendrás acceso a una gran cantidad de información.

Enlace – **www.dailyblogtips.com**

Asesor de Blogs 3: One Cool Site

One Cool Site es un blog donde el propietario publica consejos y asesoramiento sobre blogs casi todos los días. Debido a que este sitio web para los blogs es en sí mismo un blog, hay dos formas en las que se puede tener acceso a los excelentes recursos y consejos ofrecidos en el sitio. Una forma es comenzar con los mensajes más recientes y avanzar a tu propio ritmo en orden cronológico hacia atrás. Esto sería de gran ayuda, ya que podrías averiguar los cambios más recientes en el mundo de los blogs. Sin embargo, el sitio también cuenta con categorías, por lo que también podrías simplemente elegir una categoría en la que sientas que puedes mejorar tu blog y leer sobre ese tema específico.

Enlace – **www.onecoolsitebloggingtips.com**

Promoción del Libro

No importa qué tan asombroso sea tu libro electrónico, necesitarás las tácticas de promoción correctas para que tu libro electrónico alcance su máximo potencial. Hay muchos sitios web que presentarán tu libro electrónico de forma gratuita, simplemente enviándoles una descripción del libro y un poco sobre ti. Otros sitios web pueden cobrar por sus servicios, pero se esforzarán en conseguir que tu libro se muestre en sitios populares donde es probable que sea visto.

Promotor de Libros 1: Independent Authors

Independent Authors es un gran sitio para compartir tu libro electrónico, ya que es rápido, fácil, y muchos lectores y autores lo visitan para obtener nuevos libros. Para compartir tu libro con esta comunidad, lo único que tienes que hacer es crear una cuenta gratuita, añadir una nueva entrada, darle un título, y simplemente hablar de ti mismo como autor y sobre el libro que has escrito. Entonces, tu sitio web hará el resto del trabajo mediante la creación de tu página de autor y presentando tu libro en diversos foros y páginas.

Enlace – **www.independentauthors.org**

Promotor de Libros 2: Efiction

Este promotor, Efiction, se dirige a los autores de libros electrónicos que han escrito o están escribiendo historias cortas. Al convertirse en un miembro de Efiction, puedes enviar tus cuentos cortos con la posibilidad de que aparezcan presentados en la revista mensual de Efiction. Tu relato puede estar basado en cualquier tema, desde el romance hasta el terror. En la tienda Efiction, venden suscripciones para su revista. Si la historia se presenta en una de sus ediciones, esto es una gran exposición para tu carrera profesional como escritos de libros electrónicos porque todos sus suscriptores escucharán tu nombre y si están fascinados por tus textos, seguirán al pendiente, ¡esperando más obras tuyas!

Enlace – **www.efictionmag.com**

Promotor de Libros 3: Pixel of Ink

Pixel of Ink es un sitio web que ofrece libros Kindle gratis o a precios de ganga. Como autor, si tu libro está en la lista en Amazon, puedes avisar a Pixel of Ink cuándo estarás ofreciendo tu libro electrónico gratis en Amazon y ellos ofrecerán tu libro electrónico en su sitio web durante ese período de tiempo. Esto proporciona una gran exposición para tu libro electrónico porque cualquier persona que reciba tu libro de forma gratuita y le guste es probable que lo recomiende a otros, que, entonces, tendrán que ir y comprar tu libro al precio real. Mientras que algunos autores pueden ser reacios a ofrecer su libro de forma gratuita en un primer momento, es importante darse cuenta de que esto abriría muchas puertas y nuevos mercados para tu libro electrónico.

Enlace – **www.pixelofink.com**

Promotor de Libros 4: Write & Share

Este es un sitio ideal para todos aquellos que buscan promover su libro electrónico, conseguir críticas, o lograr su publicación. Al convertirse en un miembro de su sitio web, se te brinda acceso a muchos servicios, tales como servicios de examen y evaluación, un perfil personal para presentar tu libro electrónico y conexiones con muchos otros autores, editores y otras personas que pueden ofrecerte información y asesoría . También tienen una librería donde puedes incluir tu libro electrónico y ofrecen a sus clientes la posibilidad de utilizar PayPal para pagar por él. ¡Además, serás presentado en su sección de escritores de modo que los clientes pueden encontrar más de tu trabajo!

Enlace – **www.writeandshare.co.uk**

Promotor de Libros 5: Book Stack Reviews

Si has publicado tu libro electrónico en versión Kindle, este sitio web, Book Stack Reviews, leerá y revisará tu libro de electrónico independiente de ficción. El sitio web está dirigido por un equipo de amantes de los libros que leen todos los libros que se ofrecen en su página web. Cuando visites su página de inicio, podrás ver una selección de sus últimos comentarios, que se actualiza cada semana. ¡Para que tu libro electrónico sea revisado, sólo tienes que enviarlo por correo electrónico con tu nombre, título del libro, cubierta del libro, enlace de Amazon, y el formato MOBI o PRC de tu libro! Los evaluadores considerarán aspectos como argumento, personajes, estilo, ortografía y gramática.

Enlace – **www.bookstackreviews.com**

Promotor de Libros 6: CC eBooks

CC Ebooks es un sitio web que promueve tanto obras de ficción como de no ficción. ¡Se trata de un sitio web de reciente creación por lo que están buscando a muchos autores para llenar sus páginas! Para que tu trabajo sea publicado en su página web, todo lo que tienes que hacer es enviarlo por correo electrónico con el título de tu libro, la descripción, la cubierta, y un enlace a un sitio web que actualmente esté hospedando tu libro. También hay una sección de su sitio web donde se habla de los diferentes autores que se presentan en su sitio web, ¡por lo también es una gran manera de promoverse como autor!

Enlace – **www.ccebooks.com/esite/**

Promotor de Libros 7: Biblio Connection

Este es un gran sitio web donde puedes conectarte en red y convivir con cualquiera que esté involucrado de alguna manera con la atmósfera de los libros electrónicos, ya sean autores, editores, o simplemente amantes de la lectura. Algunos de los diversos servicios que ofrecen incluyen presentarte con colegas escritores, organizar ferias de libros para tu libro, y promover tu libro a través de sorteos y presentaciones del artículo. Mediante la promoción de tu libro a través de su sección de Libros Destacados, obtendrás una gran exposición porque enviarán Tweets acerca de tu libro para que tanto tú como tu libro electrónico sean presentados en la tienda de Amazon.

Enlace – **www.biblioconnection.com**

Promotor de Libros 8: Indie Books Blog

Este es un blog donde el propietario presentará tu libro electrónico en una publicación de blog. Para que tu libro electrónico sea presentado en su propia publicación de blog, lo único que tienes que hacer es enviarlo por correo electrónico con la ilustración de la cubierta, nombre del autor, título del libro, y una descripción del producto. También tienen una promoción especial donde se puede pagar $ 30 para que tu libro electrónico aparezca en la parte superior derecha del blog durante un mes entero. ¡Esta es una gran exposición para tu libro electrónico, ya que s uno de los primeros lugares que todos ven cuando visitan este blog!

Enlace – **www.indiebooksblog.blogspot.com**

Promotor de Libros 9: Paperback Dolls

Paperback Dolls son un grupo de mujeres de todo el mundo que se han unido para leer, revisar y discutir libros. Para que tu libro sea revisado por una de ellas, simplemente envíelo por correo electrónico a una de ellas y solicitarles la revisión. En su página web, presentan diversos libros, reseñas de libros y blogs de los revisores. Este es un gran lugar donde puedes encontrar a varias personas que escriban una reseña de su libro electrónico. ¡Además te entrevistarán a ti, el autor, presentando tu blog en su sitio web como un blog invitado, presentarán tu libro electrónico como un regalo, o elegirán una de las opciones de tu campaña de publicidad en su página web!

Enlace – **www.paperbackdolls.com**

Promotor de Libros 10: Ask David

Para ayudarte a promover tu libro, puedes solicitar a Ask David que escriba una reseña de tu libro y la publique en su sitio web. La razón por la que esto sería beneficioso para tu libro electrónico es porque más de 3,000 libros han sido revisados en Ask David y se ha ganado la reputación de ofrecer opiniones valiosas sobre libros. Si tu libro fuera elegido para ser presentado en la página web, sería una gran exposición para éste. En esta página web también se incluyen algunos consejos valiosos sobre otras maneras de promocionar tu libro electrónico.

Enlace – **www.askdavid.com**

Comercialización a Través de los Medios Sociales

Con el desarrollo de los sitios de medios sociales como Facebook, la promoción y la comercialización de los productos se ha convertido en una experiencia que se basa en comunidades. Al compartir tu libro electrónico en una página de Facebook y hacer que tus amigos lo compartan logras que tu libro electrónico llegue a numerosas personas. La llegada de muchos sitios web similares a Facebook ha transformado el mundo de la comercialización, por lo que conocer estos sitios de medios sociales se ha convertido en una necesidad para lograr una exitosa comercialización de tu libro electrónico.

Comercialización en Medios Sociales 1: Facebook

Facebook es una excelente manera de promocionar tu libro electrónico y a ti mismo como autor. Se puede crear un perfil en Facebook con tu nombre de autor y crear una página de seguidores para tu libro. Algunas ideas para usar Facebook en la promoción efectiva de tu libro electrónico son publicar extractos de tu libro para provocar interés y pedir a tus amigos que compartan tu página para que tu libro se promueva de "boca a boca". También puedes unirte a grupos relacionados con el contenido de tu libro y hablar sobre tu libro electrónico allí para la gente interesada.

Enlace – **www.facebook.com**

Comercialización en Medios Sociales 2: Twitter

Otro gran lugar para promocionar su libro en línea es Twitter. Debes asegurarte de elegir un nombre de usuario que refleje tu nombre de autor o el nombre de tu libro. Puedes twittear enlaces a la página web de tu libro electrónico, a tu página de Facebook, o cualquier otro sitio afiliado a tu libro. También puedes publicar tweets acerca de los próximos eventos como firmas de libros o fechas de lanzamiento. Publica un tweet con la imagen de tu cubierta o incluso un código promocional. Twitter es también un gran lugar para hacer conexiones, comenzar a seguir a revisores de libros de otros autores, e incluso a celebridades. Si uno de ellos escribe una buena crítica acerca de tu libro, pídele que escriba un comentario para publicarlo en tu sitio web.

Enlace – **www.twitter.com**

Comercialización en Medios Sociales 3: Click to Tweet

Click to Tweet es un sitio donde se puede escribir lo que planeas enviar como tweet y crear un enlace que puedas adjuntar a tu tweet. Si alguien hace clic en el enlace, hará un retweet de todo tu tweet junto con una referencia a tu nombre de usuario de Twitter. También añadirá una etiqueta, relacionada con la publicación. Este enlace hace que sea muy fácil para sus seguidores de Twitter retwittear todo lo que dices, lo que aumenta el número de acciones en tu publicación de tweet. Si envías un tweet sobre un extracto de tu libro electrónico o un enlace para comprar tu libro electrónico, entonces ese fragmento y el enlace podría ser retwitteado por muchos.

Enlace – **www.clicktotweet.com**

Comercialización en Medios Sociales 4: Google Plus

Al igual que Facebook, Google Plus es un lugar en línea donde puedes crear un perfil con tu nombre de autor. A partir de ahí, puedes utilizar tu perfil para promocionar tu libro electrónico, tu sitio web y todos tus otros sitios de medios sociales. Puedes crear grupos para todos tus amigos en este sitio que pueden ser útiles cuando se intenta distinguir entre lectores, compañeros escritores, clientes potenciales, editores, y más.

Enlace – **www.plus.google.com**

Comunicados de Prensa

Uno de los puntos cruciales en la publicación de tu libro electrónico es anunciar su llegada al público.
Tu comunicado de prensa inicial debe estar bien escrito, ser atractivo y eficaz. También debes estar al tanto de dónde se publicará tu comunicado de prensa y de si está llegando a tu segmento demográfico. Los recursos que se enumeran a continuación están destinados a ayudarte tanto a redactar el comunicado de prensa como a encontrar el medio adecuado para éste.

Comunicados de Prensa 1: Free Press Releases

Free Press Releases es un sitio web que publicará tu comunicado de prensa sobre casi cualquier tema, así como tu libro electrónico. Tienen una gran variedad de planes que van desde opciones sin costo hasta $ 399, dependiendo de tu presupuesto y qué tan detallado planeas que sea tu comunicado de prensa. De forma gratuita, puedes tener el informe de estadísticas de tu comunicado de prensa, editarlo, descargar la versión PDF, y se te garantiza que tu comunicado de prensa será guardado en su sitio web de forma permanente. A medida que se avanza en los rangos de precios, se abren otras opciones tales como agregar enlaces web de su empresa y la optimización de motores de búsqueda para tu comunicado de prensa.

Enlace – **www.free-press-release.com**

Comunicados de Prensa 2: Press Releases

Press Releases es un sitio web donde puedes distribuir tu comunicado de prensa. También puedes crear una página gratuita para tu empresa o en este caso tu libro electrónico, de modo que puedes promover tu libro electrónico y permitir a otros leer sobre éste y encontrar más información. Al utilizar este sitio web, tu comunicado de prensa tendrá un alcance global a través de otros sitios web como Ask Jeeves News y MSN News. Tienen varios planes de pago para adaptarse a tu presupuesto, que van desde $ 30 hasta $ 100. Puedes hacer tu comunicado de prensa disponible en formato PDF, solicitar la distribución al día siguiente, o hacer que un profesional lleve a cabo una revisión editorial antes de que salga al público.

Enlace – **www.pr.com**

Comunicados de Prensa 3: 1888 Press Release

Este sitio web está diseñado para ayudar a que el comunicado de prensa de tu libro electrónico llegue a los periodistas y obtenga visibilidad en los buscadores. Tienen un grupo de editores que revisan cada comunicado de prensa sólo para asegurarse de que es creíble para que los lectores tengan la seguridad de que 1888 Press Release es una fuente confiable de información, ¡lo que también le brinda credibilidad a tu comunicado de prensa! Puedes publicar tu comunicado de prensa de forma gratuita, o puedes inscribirte en uno de sus muchos planes de pago para tener acceso a opciones especiales, como que tu comunicado de prensa sea presentado en Google News, la optimización de motores de búsqueda, mensajes de twitter o que se envíen tweets sobre tu comunicado de prensa en Twitter.

Enlace – **www.1888pressrelease.com**

Comunicados de Prensa 4: PRLOG Press Release Distribution

PRLog te ayudará con la presentación de tu comunicado de prensa en línea y luego con la distribución. Al presentar tu comunicado de prensa en línea, te ayudarán con la optimización de motores de búsqueda, la creación de la versión PDF, y la protección de tu correo electrónico de correos basura. A continuación, ellos distribuirán tu comunicado de prensa a los principales sitios web de noticias, motores de búsqueda, e integrarán tu comunicado de prensa en los medios sociales. Tienen un programa gratuito, pero también puedes inscribirte en un plan de pago. Con su programa gratuito, puedes utilizar la distribución por correo electrónico y por RSS, tener un perfil y logotipo de tu empresa (o perfil y logotipo de libro electrónico), editarlo de forma posterior a su lanzamiento, ¡y mucho más!

Enlace – **www.prlog.org**

Sitios Web Para los Artículos

Existen sitios web por ahí que están diseñados para recabar artículos de escritores con talento para que los blogueros y los administradores de sitios web puedan utilizarlos. Cada vez que una de esas personas usan el artículo, están obligados a incluir la fuente y cualquier otra información que el autor del artículo requiera que el usuario publique. Esta es una gran técnica de publicidad para los autores, ya que pueden escribir estos artículos y luego exigir que los usuarios publiquen información sobre ellos y sobre los libros que han escrito. Como un autor de libros electrónicos, puedes utilizar esto a tu favor para conseguir para tu libro electrónico algo de publicidad.

Sitio Web Para Artículos 1: Go Articles

En Go Artícles, puedes crear una cuenta gratuita y enviar tus artículos a su base de datos. Muchos dueños de sitios y escritores de boletines informativos utilizan este sitio web para encontrar contenidos por lo que está garantizado que tus artículos tendrán una gran exposición. Tus artículos serán catalogados por tema para que sea fácil para los demás encontrarlos. Los visitantes del sitio web pueden ponerse en contacto con los autores del artículo antes de utilizar el contenido, por lo que tendrá cierto control sobre en qué tipo de sitios web se presenta tu información.

Enlace – **www.goarticles.com**

Sitio Web Para Artículos 2: Ezine Articles

Ezine Articles se enfoca en proporcionar contenido para miles de escritores de boletines informativos de correo electrónico. Para empezar a escribir para su sitio web, puedes crear una cuenta de miembro gratis donde podrás enviar un máximo de 10 artículos para que puedan ser revisados para su publicación. Una vez que los editores de Ezine han revisado tu trabajo y descubren que cumple con sus estándares de calidad, puedes convertirse en un miembro platino y enviar artículos de forma ilimitada. Además de tu artículo, tus publicaciones pueden incluir una breve biografía de ti mismo o de tu libro electrónico y un enlace hacia tu sitio web. Esto crea una gran cantidad de exposición para tu libro, porque cualquier persona que utilice tu artículo está obligada a incluir esta información adicional, por lo que tu libro será visible ante muchas más personas que antes.

Enlace – **www.ezinearticles.com**

Sitio Web Para Artículos 3: Dropjack

Este sitio web incluye más que artículos porque puedes enviar artículos, historias e incluso notas de prensa. Sus servicios son gratuitos y pueden crear más de una comunidad entre sus usuarios, ya que los escritores pueden comentar sobre las obras de los demás, o darles "jacks" (similares a los "me gusta" en Facebook). Cuanto más "jacks" obtiene tu trabajo, más exposición tendrá en las páginas principales del sitio. Esta es una gran manera de obtener publicidad para tu libro electrónico, ya sea compartiendo fragmentos o escribiendo artículo de prensa que anuncien el lanzamiento de cualquier modificación de tu libro.

Enlace – **www.dropjack.com**

Sitio Web Para Artículos 4: Idea Marketers

Idea Marketers es otro sitio web que publicará tus artículos, pero ellos hacen hincapié en presentar artículos de calidad en su sitio. Han rediseñado recientemente su página web y durante el proceso, redujeron en gran medida su base de datos. Esto es beneficioso para ti porque los editores saben que este sitio web sólo ofrece artículos de calidad y será más probable que elijan tu artículo para presentarlo en su sitio web o boletín informativo. Además de los artículos, también puedes publicar comunicados de prensa, audios, videos, ¡e incluso tu propio libro electrónico! Esto ofrece una gran exposición de tu libro, ya que puedes imprimir extractos o publicar videos de las entrevistas que has hecho todo en un solo lugar.

Enlace – **www.ideamarketers.com**

Sitio Web Para Artículos 5: Technorati

En el sitio web gratuito Technorati, se enfocan en artículos escritos para blogs. Si tienes un blog para tu libro electrónico o para ti como autor, este es un gran lugar para compartirlo con el fin de ganar visibilidad y seguidores. Technorati cuenta con más de un millón de blogs sobre temas y conecta a los blogueros con anunciantes y consumidores interesados que deseen utilizar el contenido del blog. También puedes solicitar ser un escritor de Technorati en la sección de su sitio web en el que tienen artículos y noticias para leer. Como escritor de Technorati, puedes anunciar tu propia marca personal a millones de espectadores que ya visitan Technorati.

Enlace – **www.technorati.com**

Sitios Web de Reseñas

Después de haber escrito y publicado tu libro electrónico, es importante promoverlo. Una forma eficaz de comercializar tu libro electrónico, pero con un toque personal, es conseguir reseñas escritas él. Hay varios sitios web de reseñas oficiales o simplemente blogueros que leerán tu libro electrónico y escribirán un comentario sobre él, y lo publicarán en su propio sitio web o te lo entregarán a ti para que lo presentes donde tú creas conveniente. Cuando los lectores pueden ver una reseña del libro electrónico en lugar de sólo verlo aparecer en un anuncio, pueden tener emitir un juicio más personal sobre si el libro es o no para ellos, ¡lo que finalmente los convierte en clientes más satisfechos!

Sitio Web de Reseñas 1: Good Reads

Good Reads es un sitio web donde los lectores pueden crear un perfil gratuito, agregar libros a sus listas de lectura, escribir reseñas sobre los libros que han leído y también hacer una evaluación de los mismos. Una buena manera de promocionar tu libro electrónico es a través del Programa de publicación de Good Reads. Es un canal directo para todo tipo de lectores que adoran leer sobre los libros nuevos en el mercado. También puede crear tu propio perfil como autor donde los lectores pueden leer tu biografía, seguir tu blog, o incluso ver los videos que publiques acerca de tu libro electrónico. Si todavía te encuentras en el proceso de escribir tu libro electrónico, puedes revisar la sección de escritura y que las personas revisen lo que has escrito hasta ahora.

Enlace – **www.goodreads.com**

Sitio Web de Reseñas 2: Self-Publishing Review

Aunque este sitio web se enfoca en muchos aspectos de la autopublicación, uno de los principales servicios que ofrecen es la reseña de un libro. Por una tarifa de $ 75, los revisores de SPR leerán tu libro electrónico, escriben un comentario no menor de 500 palabras, y después publican esa reseña en la página web de SPR, el sitio web de Barnes & Noble y Amazon. Este servicio es una gran manera de ganar credibilidad para tu libro electrónico y conseguir que más gente hable sobre tu libro. ¡Algunos de los otros servicios de autoedición de SPR son conversiones de libros electrónicos y el diseño de la cubierta!

Enlace – **www.selfpublishingreview.com**

Sitio Web de Reseñas 3: Author Jess Buike

Jess Buike es una bloguera que escribe un comentario para tu libro electrónico y comparte la reseña y tu libro electrónico en su blog. Ella trabaja principalmente con libros de ficción y sólo revisará los libros que ya están publicados. Es probable que obtengas una opinión de ella porque ella da prioridad a los autores que han realizado una autoedición. Uno de los comentarios que Jess menciona en su política de revisión es que ella no puede garantizar un periodo de tiempo para revisar tu libro electrónico, pero esto es una gran ventaja para tu libro, porque eso significaría que ella se tomará el tiempo para escribir una opinión significativa y honesta.

Enlace – **www.authorjess.blogspot.com**

Sitio Web de Reseñas 4: Reel Swell Productions

Reel Swell elabora un blog titulado "That´s Swell" donde los autores y autoeditores pueden solicitar que tu libro electrónico sea revisado y publicado en el blog. Al igual que Jess Buike, el dueño de Reel Sell sólo revisa libros de ficción por lo que este sería un gran canal que los escritores de ficción pueden buscar. Los comentarios escritos a través de este blog se publican frecuentemente en el anuncio de tu libro electrónico de Amazon, el sitio web de Good Reads, y en un tweet a través de la cuenta de twitter del bloguero. Esto no sólo proporciona una forma para que puedas obtener la opinión de tu libro, sino también para comercializar el libro al mismo tiempo.

Enlace – **www.reelswellblog.com**

Sitio Web de Reseñas 5: Book Browse

Este es un sitio web que recomienda aproximadamente 30 libros al mes. Puedes enviar tu libro electrónico, ya sea de ficción o no ficción, y ¡con suerte será seleccionado! Ellos deciden qué libros presentar basados en el contenido actual del libro, y no estarás en desventaja si no eres un miembro de su página web. Algunas características interesantes que tienen para los libros que eligen para ser presentados son las entrevistas del autor y guías de lectura. Para ser publicado en este sitio web, también debes tener una versión física de tu libro a la venta, así que si sólo estás interesado en tener el libro en formato electrónico, este sitio de revisión en particular no es para ti.

Enlace – **www.bookbrowse.com**

Aviso Legal:

- 750words.com
- redroom.com
- groups.yahoo.com/group/critical_writing
- indiespot.myfreeforum.org
- writers.net
- writerswrite.com
- wattpad.com
- booktalk.org
- kindleboards.com
- authonomy.com
- booksie.com
- nothingbinding.com
- paypal.com
- checkout.google.com
- yola.com
- webs.com
- facebook.com
- twitter.com
- clicktotweet.com
- plus.google.com
- aweber.com
- responders.com
- freeautobot.com
- sendfree.com
- listwire.com
- getresponse.com
- mailchimp.com
- amazon.com
- createspace.com
- smashwords.com
- pubit.barnesandnoble.com
- 1.lightningsource.com
- lulu.com
- ebay.com

- aventinepress.com
- publishgreen.com
- iuniverse.com
- 2.xlibris.com
- authorhouse.com
- friesenpress.com
- scribd.com
- selfpublishing.com
- e-bookspublishing.com
- parapublishing.com/sites/para/
- ereaderchat.com
- pbs.org/mediashift
- thefutureofink.com
- catherineryanhoward.com
- elance.com
- odesk.com
- guru.com
- ecwid.com
- osCommerce.com
- magentocommerce.com
- zencart.com
- payvment.com
- e-junkie.com
- independentauthors.org
- efictionmag.com
- pixelofink.com
- writeandshare.co.uk
- bookstackreviews.com
- ccebooks.com/esite/
- biblioconnection.com
- indiebooksblog.blogspot.com
- paperbackdolls.com
- free-press-release.com
- PR.com

- 1888pressrelease.com
- PRlog.org
- goarticles.com
- ezinearticles.com
- dropjack.com
- ideamarketers.com
- technorati.com
- goodreads.com
- selfpublishingreview.com
- authorjess.blogspot.com
- reelswellblog.com
- bookbrowse.com
- bloggingtips.com
- dailyblogtips.com
- onecoolsitebloggingtips.com
- clickbank.com
- udemy.com
- youtube.com
- askville.amazon.com
- StatCounter.com
- sitemeter.com
- pdfonline.com/convert-pdf
- 2epub.com
- Calibre-ebooks.com
- Inkscape.org
- 99designs.com
- crowdspring.com/index/1/
- virtualassist.net
- thegreatbusinessproject.com
- virtualassist.net/blog/part-great-kindle-ebook-experiment.html
- writenonfictionnow.com

Se enumeran en este libro sólo para su consulta.

www.ingramcontent.com/pod-product-compliance
Lightning Source LLC
LaVergne TN
LVHW021545080426
835509LV00019B/2841